Mayas

Los indígenas de
Mesoamérica III

Mayas
Los indígenas de Mesoamérica III
José Mariano Leyva

Segunda edición: Producciones Sin Sentido Común, 2018
Primera edición: Producciones Sin Sentido Común y Consejo Nacional
para la Cultura y las Artes, 2013

D. R. © 2018, Producciones Sin Sentido Común, S. A. de C. V.
    Tonatico 2, colonia Santiago Tepalcapa,
    54743, Cuautitlán Izcalli,
    Estado de México

Texto © José Mariano Leyva
Ilustraciones © Esmeralda Ríos

ISBN: 978-607-8469-54-3

Impreso en México

Mayas

Los indígenas de Mesoamérica III

José Mariano Leyva

Ilustraciones de Esmeralda Ríos

NOS
TRA
EDICIONES

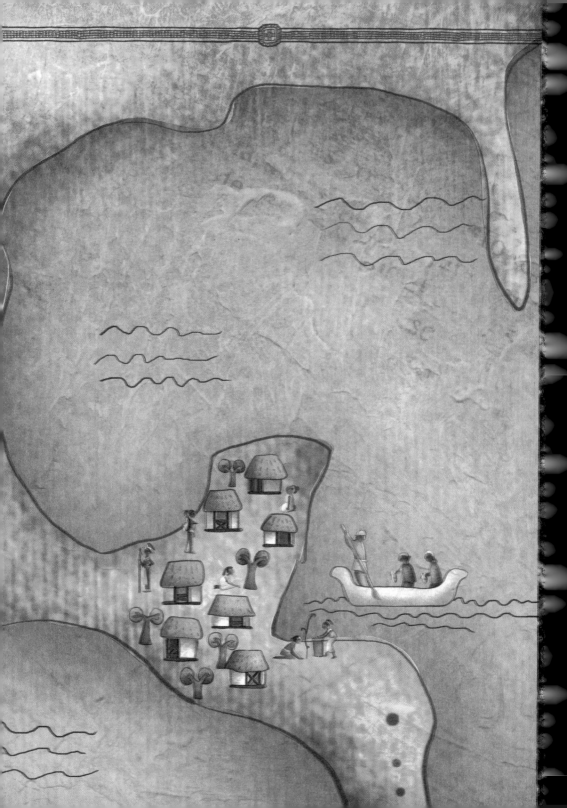

ÍNDICE

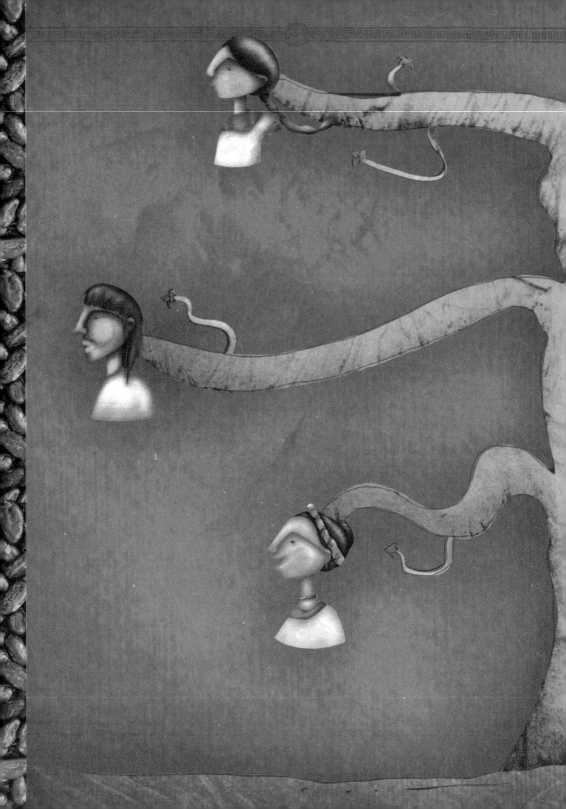

Introducción

LA CIVILIZACIÓN MAYA ES UNA DE LAS CULTURAS PREHISPÁNICAS
MÁS IMPORTANTES DE AMÉRICA. LOS GRUPOS MAYAS FUERON MUCHOS,
UBICADOS EN DISTINTAS CIUDADES QUE SE CONSTRUYERON EN
LOS ESTADOS QUE HOY FORMAN EL SUR DE MÉXICO: YUCATÁN, CAMPECHE,
QUINTANA ROO, CHIAPAS Y PARTE DE TABASCO. TAMBIÉN SE ESTABLECIERON
EN LOS ACTUALES PAÍSES CENTROAMERICANOS DE GUATEMALA,
BELICE, HONDURAS Y EL SALVADOR.

La civilización maya es compleja y está llena de misterios que no han
podido ser resueltos aún. Formó parte de una zona cultural a la que los
historiadores y arqueólogos se refieren como Mesoamérica. En este territorio
surgieron diversas civilizaciones indígenas muy importantes antes de la llegada
de los conquistadores europeos.

La cultura maya abarca un periodo muy largo, y a ella pertenecieron diversas sociedades en diferentes tiempos. La primera ciudad maya surgió hace aproximadamente cuatro mil años, y las últimas culturas sobrevivieron hasta el día de hoy en pequeños grupos que habitan en la misma zona.

Los mayas crearon grandes ciudades e hicieron importantes descubrimientos astronómicos y matemáticos. El arte de los mayas aún puede apreciarse en su pintura, escultura o arquitectura, y los restos de sus grandes ciudades hablan de ello.

La arquitectura maya estaba muy desarrollada; no sólo tenían canchas de juego de pelota o enormes pirámides, sino también sistemas de drenaje y grandes avenidas. De la misma manera, la filosofía y la ciencia mayas solían ser muy completas y avanzadas. Eran visiones diferentes de las que hoy tenemos, pero que a través de sus leyendas y mitos, o sus descubrimientos y observaciones, trataban de explicar el proceso natural de la vida.

Las ciudades

LAS CIUDADES MAYAS SE ENCONTRABAN INTERNADAS EN LA SELVA TROPICAL,
EN ELLAS SE LEVANTABAN ENORMES TEMPLOS, PALACIOS O RESIDENCIAS PARA
LA CLASE DOMINANTE. RODEANDO ESAS CONSTRUCCIONES
EN FORMA DE PIRÁMIDES HABÍA TAMBIÉN CASAS
PEQUEÑAS QUE CORRESPONDÍAN A LAS CLASES MÁS HUMILDES.

En medio de un clima tropical, con una vegetación exuberante y el sonido
de la gran cantidad de animales que habitaban en la selva, podía apreciarse
la entrada a una plaza enorme con grandes edificaciones.

Al centro de esas construcciones mucha gente realizaba varias actividades: comprar, vender, sembrar. Mientras unos subían a las pirámides al ocaso y miraban hacia el cielo para reconocer algunos planetas, otros ofrecían ritos a sus dioses. Así era cualquier gran ciudad maya hace tres mil años.

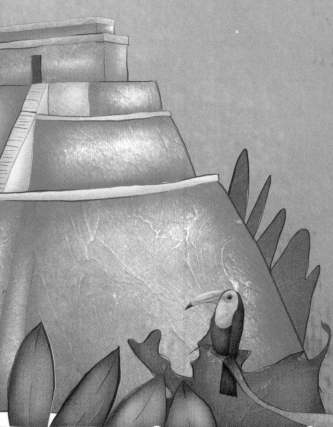

Estas ciudades tenían diferentes barrios, y cada uno alojaba a una familia. En una casa vivían el padre, la madre y los hijos, mientras que en la casa vecina vivían los tíos con los sobrinos, y en una más, los abuelos o los primos lejanos que ya habían creado su propia familia; todos habitaban en la misma zona de la ciudad, en casas vecinas. Esta familia extensa, conocida también con el nombre de *linaje*, solía dedicarse a un mismo oficio, lo que lograba una mayor cercanía entre cada uno de los familiares.

UNA VIDA SIN CAMBIOS

Las ciudades mayas tenían una estructura bien definida, lo cual otorgaba mucho orden. Sin embargo, ese orden a veces podía ser demasiado rígido. Las posibilidades de cambiar el tipo de vida con el que se había nacido eran muy pocas.

En las ciudades mayas, a cada oficio le correspondía una clase social. No era lo mismo ser alfarero que comerciante o sacerdote. Había comunidades integradas por familias completas dedicadas al comercio o a la agricultura, entre otros oficios, que se transmitían de padres a hijos e incluso entre la parentela. Un comerciante tenía un nivel de vida más alto que un agricultor.

No hay que imaginar cada una de esas casas familiares como grandes construcciones. Lo común era que una familia nuclear, esto es, padre, madre e hijos, durmiera en una sola habitación sobre tejidos de palma colocados en el suelo y divididos entre hombres y mujeres. Durante el invierno se cubrían con mantas de algodón, conocidas como *patíes*.

Glifos y linaje

Muchas de las ciudades más grandes e importantes tenían glifos, emblemas que servían para identificarlas y mostrar los linajes reales que habitaban en ellas. Para tener un glifo, una ciudad no sólo necesitaba de riqueza suficiente para construirlo, sino también de especialistas con conocimientos para hacerlo, pues estas insignias eran grabadas en piedra y montadas en estelas o pedestales.

Los patíes eran, en realidad, parte de la vestimenta diaria. Una especie de "cubre todo" que tapaba desde los hombros hasta los tobillos y que por la noche se transformaba en una cobija. En verano, con el terrible calor y la humedad de la selva tropical, los hombres dormían en una galería que daba al exterior, un cuarto con techo pero sin paredes. Así aprovechaban la brisa nocturna para refrescarse un poco.

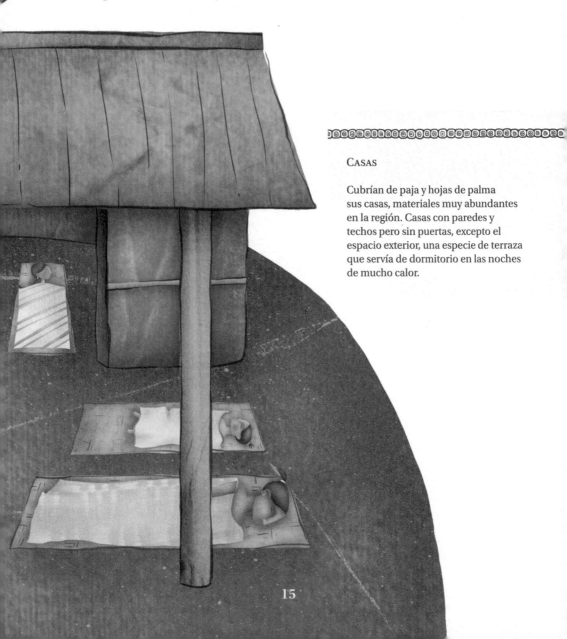

CASAS

Cubrían de paja y hojas de palma sus casas, materiales muy abundantes en la región. Casas con paredes y techos pero sin puertas, excepto el espacio exterior, una especie de terraza que servía de dormitorio en las noches de mucho calor.

Además de las casas de cada una de las familias, las ciudades mayas tenían otro tipo de edificios, los públicos. Grandes templos para hacer las ceremonias religiosas, palacios en donde se realizaban actividades políticas, de administración y comercio, plataformas a manera de plazas y grandes avenidas conocidas como calzadas. Ciertos edificios de la ciudad estaban construidos para actividades muy importantes dentro de la cultura maya, como el recibimiento de visitantes de otras culturas, la recaudación de tributos o la recepción de quejas contra el gobierno por parte de sus habitantes.

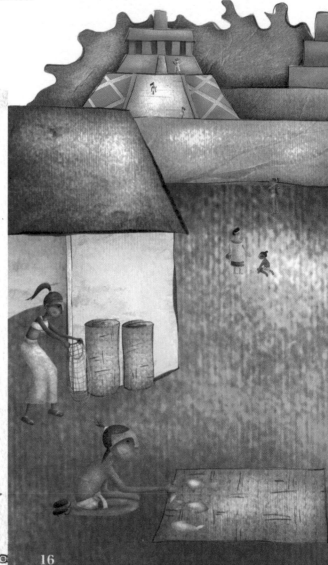

TIKAL

Tikal era la ciudad maya más grande. Mientras que muchos otros pueblos no tenían más de un kilómetro cuadrado de extensión, Tikal ocupaba 123 kilómetros. Después de cientos de años han quedado vestigios de grandes edificios, monumentos e inscripciones jeroglíficas, de esta ciudad que fue muy próspera y tuvo un gran desarrollo.

Muchos de los edificios públicos estaban adornados con imágenes que representaban a los dioses mayas, esculturas y pinturas que se acomodaban entre las paredes que también tenían mucho colorido.

Los lugares en donde se ubicaban las ciudades dependían de la cercanía de buenas tierras para sembrar, pero también de que estuvieran próximas a los espacios que los mayas consideraban sagrados.

UBICACIÓN PRIVILEGIADA

Las ciudades mayas, como muchas otras a lo largo del mundo, se ubicaban en sitios cercanos a un río o al mar. Esto les facilitaba conseguir alimentos y poder desarrollarse como comunidad. De la misma manera, buscaban establecerse en lugares estratégicos en donde pudieran defenderse de enemigos o estar cerca de las rutas comerciales que los otros pueblos habían establecido.

Aunque en las ruinas arqueológicas sólo queden piedras desnudas, en su momento las ciudades mayas estaban llenas de color. Tanto adentro como afuera de los edificios, las paredes estaban adornadas con largos murales como los que todavía pueden apreciarse en zonas como Bonampak (Chiapas) y Calakmul (Campeche). Los mayas plasmaron en estos muros su visión del mundo, de la naturaleza y de ellos mismos; sus costumbres, gobernantes y dioses, además de que dejaron constancia de su gran habilidad técnica y artística, pues la pintura mural requiere no sólo de sensibilidad, sino también de destreza.

Los murales se componen de tres elementos: el muro hecho con piedra caliza; el soporte o revestimiento (pasta parecida al yeso o cemento que al secar forma una superficie homogénea sobre la cual se pinta) y la capa o capas pictóricas (aplicaciones de color hecho con pigmentos y aglutinante).

El color blanco lo obtenían de la mezcla de cal con arcilla blanca, o de las conchas de moluscos molidas; el negro se hacía con carbón y, muy raras veces, con huesos de animales quemados; el rojo se preparaba con minerales ricos en hierro que eran oxidados, con las cortezas y los tejidos internos de algunas plantas selváticas, como el *k'uxub* (achiote), o con insectos como la hembra del *Dactylopius coccus* o cochinilla, un insecto que al ser molido segrega un tinte rojo muy intenso y de gran calidad; el azul y el verde se conseguían con minerales como azuritas y malaquitas, que mandaban traer del norte de Mesoamérica (lo que actualmente son los estados de Guerrero, Michoacán, Sonora y Chihuahua), así como con *Suffruticosa mill* (añil), una planta con la que produjeron el color índigo típico de los murales mayas.

CIVILIZACIÓN MAYA

"Así como Troya y Samarcanda, Tombuctú y Roma en el Viejo Mundo, las grandes ciudades mayas surgieron y decayeron a lo largo de unos dos mil años. Durante ese tiempo, las ciudades de Nakbé, El Mirador, Tikal, Copán, Uxmal, Chichén Itzá, Mayapán y otras muchas gozaron de expansión y prosperidad, y finalmente, cada una en su momento, decayeron. Al llegar la conquista en el siglo XVI, Tulum, Tayasal, Utatlán e Iximché se encontraban entre las más grandes potencias mayas. Pero estos centros mayas y los restantes fueron aplastados en una larga guerra que costó miles de vidas."

Robert J. Sharer

El habitante maya

PARA LOS MAYAS, LA VIDA COTIDIANA TENÍA
GRAN IMPORTANCIA. CRECER, MADURAR, ENFERMAR O MORIR
IBAN ACOMPAÑADOS DE RITUALES COMPLEJOS, PORQUE
TODA EXISTENCIA Y SU MUERTE ESTABA LIGADA A LOS DIOSES
A QUIENES RENDÍAN CULTO.

Un aspecto de su vida cotidiana era el vestido. Tres prendas de vestir eran constantes en el indígena maya: el taparrabos o *ex*, que se ceñía a la cintura y tenía dos tiras que caían por delante y por detrás; la manta llamada *patí*, que cubría el resto del cuerpo y estaba hecha de algodón y finalmente las sandalias o huaraches para proteger los pies.

Estos atuendos no siempre eran sencillos, los había muy complejos y ricos en adornos. El taparrabos, por ejemplo, podía estar hecho de diferentes materiales, y entre más alta era la clase social, más elaborados eran. Los huaraches podían ser desde sencillas tiras de henequén, que es una planta de donde se sacan fibras largas y fuertes, hasta una especie de zapatos abiertos muy adornados que llegaban hasta arriba del tobillo.

Casi todos los hombres llevaban el pelo largo y pintaban su rostro. Los colores elegidos también señalaban la clase social o el oficio. Los guerreros usaban el negro y el rojo. Los presos tenían rayas negras y blancas. Los sacerdotes y las personas que iban a ser sacrificadas en algún ritual estaban pintados de pies a cabeza de azul. De la misma manera los tatuajes eran práctica común entre los mayas para adornar su cuerpo. Hombres y mujeres se los hacían, aunque con diferentes formas y motivos. Las mujeres también solían hacerse diferentes peinados con el cabello muy largo. La vestimenta que llevaban era diferente para las solteras que para las mujeres casadas.

Las clases sociales más altas añadían a su ropa piedras preciosas como el jade. Sus mantas tenían dibujada la figura de algún dios y estaban ricamente bordadas. Portaban además varias joyas en el cuello y en las muñecas: cadenas hechas con dientes y garras de jaguares o cocodrilos, conchas y algunas veces hasta oro y cobre. El peinado era la parte más significativa de todo su atuendo. El cabello se adornaba con piedras y plumas preciosas, y solía representar a algún animal que los mayas de la elite consideraran sobrenatural; un espíritu protector al que veneraran mucho.

La idea de belleza en la cultura maya puede parecer al día de hoy un poco extraña. Pero hay que tener en cuenta que lo que para una cultura puede resultar muy hermoso, para otra puede ser poco agradable. La idea de belleza que se tiene hoy en Japón es diferente de la que se tiene en Francia. Así, en la cultura maya los hombres se ponían joyas en las orejas, nariz y labios. Eran como unos aretes que atravesaban la piel. Y estos adornos podían ser muy grandes, colosales aros puestos en los lóbulos de las orejas o narigueras que incluso podían atravesar el tabique nasal.

Otros rasgos curiosos eran considerados elegantes, como aplanarse la frente. Para lograr esto, a los niños pequeños se les ponían dos tablillas en la cabeza, una en la frente y una arriba de la nuca. Pasaban varios días así hasta que la cabeza se deformaba, logrando el aspecto deseado. De la misma manera, tener los ojos bizcos era otro rasgo de belleza.

CONCEPTO DE BELLEZA

En su niñez, su madre acostumbraba colgarles del cuello una cinta que les llegaba hasta la mitad de las orejas; así al alzar los ojos iban quedando bizcos y obtenían un rasgo más de belleza, muy apreciado entre sus comunidades.

La vida de los mayas estaba llena de ritos desde el momento en el que nacían. Eran un pueblo muy religioso que incluía en su vida cotidiana solemnes ceremonias que intentaban rescatar las características propias de cada etapa de la vida. Así, a los tres meses de vida en las mujeres y cuatro en los hombres, se hacía el rito del *hetzmek*. Un padrino tomaba al bebé y lo llevaba a una mesa en donde estaban varios instrumentos de trabajo que usaría cuando creciera. Tomaba cada uno de los objetos y le explicaba cómo se usaban. Luego, el padrino entregaba al bebé a una madrina que hacía el mismo rito.

LA BELLEZA DE LA CRIANZA

"Los mayas actuales quieren mucho a sus hijos y suelen tratarlos con mucha indulgencia. No cabe duda de que esto fue así también en otros tiempos. Los hijos eran deseados con vehemencia, y las mujeres incluso los pedían a los ídolos con ofrendas y plegarias. Con objeto de inducir el embarazo, la mujer ponía bajo su cama una imagen de Ix Chel, diosa del parto."

Robert J. Sharer

Hasta los cuatro años, los niños eran educados solamente por las madres. Después, a los varones se les colocaba una joya blanca en la parte superior de la cabeza y quedaban al cuidado del padre. Las niñas recibían una concha color rojo que se ataba con una cuerda a la cintura.

Estos símbolos los mantenían hasta la pubertad, momento en el que se realizaba otra ceremonia que juntaba a muchachos y muchachas considerados ya aptos para casarse. En ella, los padrinos de nombre *chaques* les quitaban la concha y la joya blanca. Los hombres se iban entonces a vivir en una casa destinada sólo para ellos, y ahí se quedaban hasta el momento en que se casaran. Podían pintarse de negro, pero les estaba prohibido tatuarse antes del matrimonio. Las mujeres de esa edad tenían que ser muy recatadas. Incluso debían darles la espalda a los hombres que se encontraran en su camino.

MUJERES RECATADAS

Las mujeres mayas solían cubrirse no sólo de la cintura para abajo, sino también los pechos, a diferencia de las mujeres de otras culturas.

Tanto hombres como mujeres comenzaban a trabajar desde temprana edad. Los hombres ayudaban a los padres en la milpa de la familia, que era la parcela de tierra de donde obtenían maíz, frijol y calabaza. Las mujeres aprendían a cocinar, tejer e hilar, y muchas veces iban al mercado a vender los artículos que su familia producía.

Las enfermedades y la muerte tenían una importancia especial dentro de la cultura maya. Los encargados de curar los padecimientos eran los chamanes, mitad médicos, mitad sacerdotes. Sus curas consistían en ceremonias y plegarias, pero también en la administración de muchas hierbas medicinales que había en la zona maya.

A diferencia de otros grupos indígenas de América, los mayas temían mucho a la muerte. Cuando un enfermo de gravedad no podía curarse y moría, el rito fúnebre se realizaba en medio de grandes tristezas y llantos. El cuerpo se envolvía en una manta, y en algunos de los orificios de la cara se ponían piedras preciosas, sobre todo jade. Los muertos eran inhumados en algún terreno cercano a sus casas, y con él sepultaban también algunos de los objetos personales que había tenido en vida.

Los entierros de la clase dominante eran más complicados, los ritos duraban varios días. Las personas más queridas por la gente no eran enterradas sino incineradas. Las cenizas se sepultaban, y si en vida habían sido muy importantes, sobre ellas se construían grandes templos.

RITOS FUNERARIOS

Entre las familias gobernantes de Mayapán existía un rito funerario muy peculiar. El rostro del noble muerto era separado del cráneo, y sobre él se hacía una máscara de resina que mantenía los rasgos durante mucho tiempo. Esta escultura de la cara del antepasado, se mantenía en una galería junto con otros familiares muertos antes que él. Los días festivos, a todos les colocaban alimentos para que no les faltara nada en el otro mundo.

La muerte, en efecto, era muy temida por los mayas, pero eso no significaba que se olvidarán de sus seres queridos ya fallecidos. Todo lo contrario, los padres y abuelos muertos siempre estaban presentes, y representaban una herencia muy apreciada que no se dejaba de lado.

La familia
y la sociedad

La organización de la sociedad maya era muy estricta. El individuo estaba muy relacionado con su familia cercana. La familia próxima respetaba el orden de la familia extensa y adoptaba su oficio y clase social. Las distintas clases sociales, bajas o altas, tenían espacios y actividades muy concretas, es decir, la libertad de cada habitante solía estar reducida por esta forma de organización en grupo, sin embargo, las sociedades funcionaban con mucho equilibrio.

Los jóvenes mayas se casaban a muy temprana edad, entre los doce y quince años. Casi siempre las bodas eran arregladas por los padres. Una costumbre que se ha visto en diferentes sociedades antiguas de algunos países del mundo. Otra tradición maya también presente en otras sociedades era que el padre del muchacho que se iba a casar, diera a la familia de la joven vestidos y otros artículos. A ese pago se le llama "dote".

Cuando los padres elegían consorte para sus hijos, buscaban que perteneciera a la misma clase social, pero evitaban los matrimonios entre miembros tan cercanos como los hermanos. Las bodas entre primos, por el contrario, podían ser bastante comunes. La ceremonia era realizada por un casamentero profesional que tenía el nombre de *ah atanzah*, quien perfumaba la casa antes de realizar el matrimonio y luego participaba en un gran banquete festivo.

A pesar de tanto control en la sociedad, el divorcio entre los mayas era común. Según algunos cronistas españoles que llegaron a América durante la Conquista, había hombres mayas que se casaban hasta en once o doce ocasiones, después de haberse divorciado las veces correspondientes.

A partir del segundo matrimonio, ya no se celebraba un ritual de casamiento. En muchas ocasiones bastaba con que el hombre fuera a casa de la segunda mujer con la que se quería casar y esta le diera algo de comer. Con esa simple acción se entendía que tanto el hombre como la mujer se aceptaban el uno al otro, y entonces eran admitidos como matrimonio dentro de su sociedad. La poligamia (cuando una persona tiene más de una esposa o esposo al mismo tiempo), también era permitida, sobre todo cuando un hombre era rico y podía permitirse mantener a más de una mujer.

Las familias se identificaban entre ellas por el apellido que todos los del clan llevaban. Los hijos, y los hijos de los hijos, mantenían ese apellido que los ubicaba de inmediato como grupo dentro de su sociedad. Había dos clases sociales muy definidas, los que pertenecían a la elite, y los que no. Es decir, un grupo de familias que tenían ciertos privilegios y otros que hacían su vida sin tantos lujos.

Sin embargo, hasta el día de hoy no se puede precisar con exactitud en qué consistía esa suntuosidad. Arqueólogos e historiadores tratan de interpretar los restos de las ciudades mayas, y sólo han podido encontrar una diferencia importante; las casas de los poderosos tenían paredes de piedra gruesa y las del pueblo eran de palma o madera. El tamaño de las casas no era tan diferente, y las estructuras eran muy parecidas.

ORGANIZACIÓN SOCIAL

Los mayas vivían juntos en pueblos limpios y muy arreglados donde había una marcada división de clases sociales; en el centro se ubicaban sus hermosas plazas y templos, alrededor las casas de los sacerdotes y señores; luego seguían los más ricos y la gente importante; después el resto del pueblo. En las orillas se ubicaban las plantaciones de algodón, pimienta y maíz.

Tres tipos de organización maya se mantenían por encima de las relaciones sociales hechas por las familias: la política, la economía y la religión, y estos poderes tenían sus edificaciones en el centro de las ciudades. El dirigente que organizaba todas estas actividades se llamaba *k'ul ahau*, que quiere decir "gobernante supremo o sagrado". Los mayas creían que este hombre combinaba poderes terrenos y sobrenaturales.

La persona que ocupaba ese puesto organizaba a gobernantes menores, de nombre *ahau*, y a gente que estaba en puestos políticos todavía más bajos que se conocían como *sahal*. Muchas veces el gobernante de una ciudad grande también organizaba y disponía las actividades de los pueblos más pequeños que se encontraran en las cercanías de la ciudad que comandaba.

Las poblaciones mayas estaban integradas por varias ciudades vecinas a las que se llegaba después de una hora de caminata. Era común que se designara a una de ellas como el centro de poder de la zona y esta gobernaría al resto.

La importancia económica, política o cultural que tuviera esa ciudad resultaba fundamental para ser elegida como la principal. Mientras el tiempo pasaba, unas ciudades iban perdiendo importancia e influencia en el resto de las poblaciones. Así, el poder pasaba de unas a otras, dependiendo de su importancia.

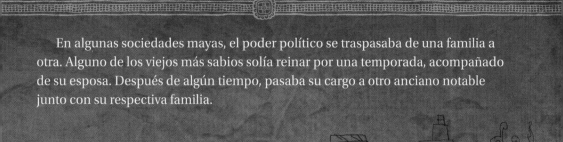

En algunas sociedades mayas, el poder político se traspasaba de una familia a otra. Alguno de los viejos más sabios solía reinar por una temporada, acompañado de su esposa. Después de algún tiempo, pasaba su cargo a otro anciano notable junto con su respectiva familia.

Las sociedades mayas, a lo largo de su existencia, tuvieron varios pueblos enemigos. Eran sociedades vecinas muy diferentes. Durante mucho tiempo existió un enemigo constante, los tzoques, un grupo que descendía de otra cultura indígena muy importante, la olmeca. Los enfrentamientos guerreros sucedieron mientras la cultura olmeca estaba en decadencia y los mayas comenzaban a tener cada vez más fuerza.

La forma de pensar de los mayas

CUANDO LOS CONQUISTADORES ESPAÑOLES LLEGARON A AMÉRICA, TRAJERON CON ELLOS TODA UNA MANERA DE IMAGINAR EL MUNDO. EN ESTA FORMA DE PENSAMIENTO, QUE PERDURA HASTA EL DÍA DE HOY, SE DIVIDE EL MUNDO EN DOS PARTES. LA PRIMERA ES EL ESPACIO TERRENO: LA CASA, LA FAMILIA, LA CIUDAD, EL PAÍS. LA SEGUNDA, ES LO QUE SE CONOCE COMO LO SOBRENATURAL: LA CREENCIA EN FANTASMAS, DUENDES, DIOSES O "EN LA OTRA VIDA" CUANDO ALGUIEN MUERE. SIN EMBARGO, EN EL MUNDO MAYA ESTOS DOS UNIVERSOS SE ENCONTRABAN ÍNTIMAMENTE RELACIONADOS.

Hay una palabra que puede ayudar a entender gran parte del pensamiento maya: *cuxolalob*. A pesar de su difícil pronunciación, resulta muy importante porque quiere decir que el mundo de lo que se puede observar y lo que no se ve están unidos.

Para los mayas, un animal, una planta o la Luna eran seres vivos, pero también eran dioses o espíritus invisibles, que se mezclaban entre los objetos reales.

VIDA DESPUÉS DE LA MUERTE

Los mayas creían en la inmortalidad, en una vida más excelente después de la muerte; pero para todos era buena y llena de descanso. A los viciosos les esperaba una vida mala y penosa. Creían que los buenos llegarían a un lugar con abundancia de comida y bebida y descansarían bajo el *yaxché*, un árbol muy fresco y de gran sombra, bajo la cual estarían por siempre.

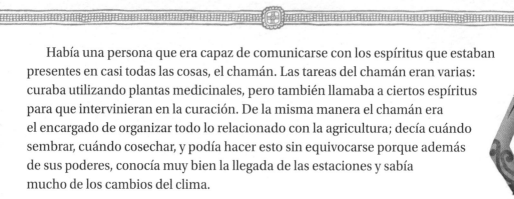

Había una persona que era capaz de comunicarse con los espíritus que estaban presentes en casi todas las cosas, el chamán. Las tareas del chamán eran varias: curaba utilizando plantas medicinales, pero también llamaba a ciertos espíritus para que intervinieran en la curación. De la misma manera el chamán era el encargado de organizar todo lo relacionado con la agricultura; decía cuándo sembrar, cuándo cosechar, y podía hacer esto sin equivocarse porque además de sus poderes, conocía muy bien la llegada de las estaciones y sabía mucho de los cambios del clima.

Mientras las sociedades mayas se iban desarrollando cada vez más, los chamanes participaban en otras actividades. Algunos gobernantes los incorporaron a la clase política. Así, en muchas ciudades mayas, los que terminaron gobernando fueron los políticos y los sacerdotes o chamanes.

Ya que las sociedades tuvieron como dirigentes a los sacerdotes, celebraban ritos públicos varias veces al año. Estos ritos podían ser fiestas con música y bailes, pero también, reuniones en donde se realizaban sacrificios, incluso de humanos. Con estas ceremonias se buscaba ahuyentar a las enfermedades, tener buenas cosechas o mantener el equilibrio de esos dos mundos; el visible y el invisible, el de lo terreno y el de los espíritus.

El rito de los sacrificios humanos es un tema que hasta el día de hoy provoca diferentes opiniones y algunos enojos. Para cualquier persona de nuestra sociedad siempre será difícil entender un acto violento como el sacrificio humano, realizado por cualquier cultura.

Sin embargo, es necesario comprender que las ideas sobre el sacrificio iban de acuerdo con una visión particular del mundo que, como en todas las culturas, tiene cosas buenas y malas, incluso nuestra propia civilización.

Durante los primeros años de la cultura maya, al parecer los sacrificios humanos no existían. Sin embargo, a medida que se fue expandiendo entró en contacto con otras culturas indígenas. Con muchas de ellas había semejanzas culturales, pero también existían diferencias.

El sacrificio humano fue una de esas prácticas culturales que los mayas adoptaron probablemente de los mexicas, otra sociedad indígena ubicada en el centro de lo que hoy es México, y que tenía mucha predisposición y admiración por la guerra.

Cuando los conquistadores llegaron a tierras mayas también sucedió algo parecido. Los españoles venían con una visión cristiana del mundo que al cabo de los años, y muchas veces de manera violenta, se impuso en las culturas indígenas.

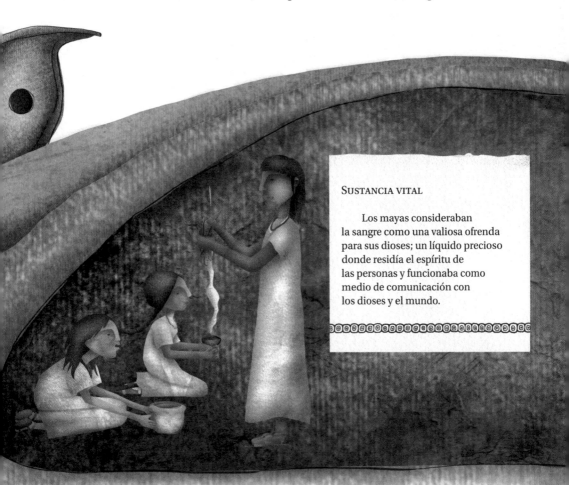

SUSTANCIA VITAL

Los mayas consideraban la sangre como una valiosa ofrenda para sus dioses; un líquido precioso donde residía el espíritu de las personas y funcionaba como medio de comunicación con los dioses y el mundo.

Sin embargo, algunos grupos de mayas, como los lacandones, ubicados en el sur de México, sobre todo en el estado de Chiapas, pudieron escapar de este contacto europeo, y hasta el día de hoy siguen teniendo algunos ritos que se parecen a los que sus antepasados realizaban. Estos ritos se celebraban en cuevas de la zona, que son consideradas mágicas, o bien en los restos de las pirámides que aún sobreviven.

El universo

TODAS LAS CULTURAS, YA SEA DEL PRESENTE O DEL PASADO, TIENEN SUS PROPIAS CREENCIAS PARA EXPLICAR CÓMO SE CREÓ EL MUNDO. LOS MAYAS TENÍAN UNA MANERA DE PENSAR QUE CONECTABA DE FORMA MUY ÍNTIMA LA VIDA ESPIRITUAL A LOS ACTOS DE LA VIDA DIARIA.

Los mayas creían que habían existido otros mundos antes que el suyo, y que habían sido destruidos por grandes diluvios. Cada uno de aquellos mundos desaparecidos tenía habitantes diferentes de los humanos. En el primero, por ejemplo, eran los enanos los que poblaban la Tierra. Era un mundo sumido en la oscuridad porque todavía no existía el Sol. Cuando el Sol finalmente hizo su aparición, los enanos terminaron convertidos en piedra.

De acuerdo con las creencias de los mayas, la historia de la creación de los mundos anteriores y de aquel que habitaron se encuentra en el libro sagrado de los mayas, el *Popol Vuh*. Ahí se dice que la creación del mundo como lo conocemos inició con los Héroes Gemelos llamados Hunapú y Xbalanqué. Los padres de los gemelos habían sido asesinados por los señores del inframundo, los dioses de la muerte.

EL ORIGEN DE LOS MAYAS

En el *Códice Dresde* se relata la destrucción de los mundos mayas que existieron antes del actual. Entre otras cosas se señala que esos terribles finales empezaban con una figura en el cielo que se parecía a una serpiente. La serpiente tenía la boca llena de colmillos, y de esa misma boca salía un chorro de agua que era la que inundaría al mundo, destruyéndolo.

Uno de los padres fue enterrado bajo una cancha de juego de pelota, un deporte ritual muy común entre los mayas. Al otro le cortaron la cabeza y la colgaron de la rama de un árbol de calabaza. Sin embargo, esta cabeza colgada alcanzó a escupir la mano de una de las hijas de los dioses de la muerte, dejándola embarazada. La hija sabía que su padre se enojaría mucho si se enteraba, entonces huyó hacia la superficie de la Tierra, y ahí nacieron al fin los Héroes Gemelos.

LA CREACIÓN DEL MUNDO SEGÚN EL *POPOL VUH*

"Esta es la relación de cómo todo estaba en suspenso, todo en calma, en silencio; todo inmóvil, callado, y vacía la extensión del cielo.

Esta es la primera relación, el primer discurso. No había todavía un hombre, ni un animal, pájaros, peces, cangrejos, árboles, piedras, cuevas, barrancas, hierbas ni bosques: sólo el cielo existía. [...]

Solamente había inmovilidad y silencio en la oscuridad, en la noche. Sólo el Creador, el Formador, Tepeu, Gucumatz, los Progenitores, estaban en el agua rodeados de claridad. Estaban ocultos bajo plumas verdes y azules, por eso se les llama Gucumatz. De grandes sabios, de grandes pensadores es su naturaleza. De esta manera existía el cielo y también el Corazón del Cielo, que éste es el nombre de Dios. Así contaban.

Llegó aquí entonces la palabra, vinieron juntos Tepeu y Gucumatz, en la oscuridad, en la noche, y hablaron entre sí Tepeu y Gucumatz. [...] Entonces se manifestó con claridad, mientras meditaban, que cuando amaneciera debía aparecer el hombre. Entonces dispusieron la creación y crecimiento de los árboles y los bejucos y el nacimiento de la vida y la creación del hombre. [...] Entonces vinieron juntos Tepeu y Gucumatz; entonces conferenciaron sobre la vida y la claridad, cómo se hará para que aclare y amanezca, quién será el que produzca el alimento y el sustento.

—¡Hágase así! ¡Que se llene el vacío! ¡Que esta agua se retire y desocupe (el espacio), que surja la tierra y que sea firme! Así dijeron. ¡Que aclare, que amanezca en el cielo y en la tierra! No habrá gloria ni grandeza en nuestra creación y formación hasta que exista la criatura humana, el hombre formado. Así dijeron."

Los Héroes Gemelos crecieron y se volvieron muy buenos jugadores de pelota como lo habían sido sus padres. Tanto, que se enfrentaron a los dioses de la muerte y los gemelos finalmente les ganaron, no sólo vengando la muerte de sus padres, sino logrando que la vida venciera a la muerte para que tuviera lugar en la tierra.

Los Héroes Gemelos se convirtieron en el Sol y en el planeta Venus, el más brillante que se ve desde la Tierra. Y los mayas decían que con cada atardecer, cada vez que el sol se metía, significaba que los hermanos descendían al inframundo para luchar una vez más contra los dioses de la muerte. Y que con cada amanecer, los hermanos regresaban victoriosos.

La idea que los mayas tenían de la vida misma se refleja en esta leyenda; una lucha constante entre el bien y el mal; el hambre y la destrucción contra el florecimiento y la vida y los diferentes universos en que los mayas creían.

Primero estaba la tierra donde habitaban los hombres. Después, el inframundo, llamado *Xibalbá*, ubicado en las entrañas de la tierra. Finalmente, el mundo superior, el cielo, de nombre *Oxlahuntikú*. En el mundo superior vivían trece dioses, y nueve en el inframundo, llamados *Bolontikú*, y los tres mundos, con sus respectivos dioses, se relacionaban todo el tiempo.

Los planetas que los mayas descubrieron desde hacía mucho tiempo también eran considerados como sus dioses. La Vía Láctea, la galaxia en la que se encuentra nuestro sistema solar, también había sido descubierta por los mayas, y en sus escritos era representada como una enorme serpiente de dos cabezas, una para el bien y otra para el mal.

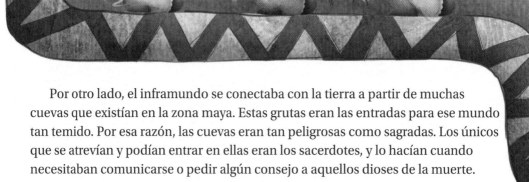

Por otro lado, el inframundo se conectaba con la tierra a partir de muchas cuevas que existían en la zona maya. Estas grutas eran las entradas para ese mundo tan temido. Por esa razón, las cuevas eran tan peligrosas como sagradas. Los únicos que se atrevían y podían entrar en ellas eran los sacerdotes, y lo hacían cuando necesitaban comunicarse o pedir algún consejo a aquellos dioses de la muerte.

Finalmente, los mayas tenían una idea de cómo era el lugar al que uno
iba después de muerto. Era un lugar en el que no había dolor y estaba lleno de
toda clase de alimentos. Aquellas personas que en vida habían logrado hacer
muchas cosas buenas, incluso podían terminar convertidos en dioses
una vez que hubieran muerto.

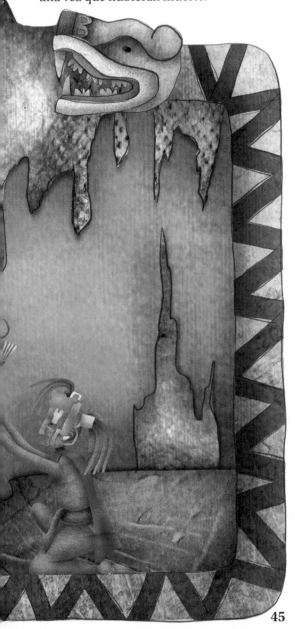

CONCEPCIÓN DEL MUNDO

Los mayas concebían el mundo como
un gran cuadrado, dividido en cuatro
rumbos, cada uno con un color:
el oriente, el más importante por
ser el punto de salida del Sol, es rojo;
el norte es blanco; el poniente es
negro, y el sur es amarillo. Cada rumbo
tiene también una ceiba sagrada,
un *Bacab* (dios sostenedor del cielo)
y un *Chac* (dios de la lluvia). Muchos
aspectos de su vida cotidiana se
regían por esta creencia, por ejemplo
las milpas, que tenían cuatro esquinas
para atraer a los cuatro *Chac*. A los
cuatro rumbos se le suma el *centro*
u *ombligo del mundo*, también con
su propia ceiba.

Los dioses

LAS DEIDADES MAYAS QUEDARON REPRESENTADAS EN VARIAS ESCULTURAS Y
PINTURAS QUE SOBREVIVIERON AL PASO DEL TIEMPO. GENERALMENTE SE TRATA
DE DOS TIPOS DE DIOSES QUE SE ENFRENTAN, LOS BUENOS Y LOS MALOS,
O QUE REPRESENTAN COSAS OPUESTAS. UN DIOS PARA LO MASCULINO,
OTRO PARA LO FEMENINO. UNO PARA EL NORTE, OTRO PARA EL SUR.
UNO PARA EL BLANCO Y OTRO PARA EL NEGRO. DE LA MISMA MANERA VARIOS
SERES SOBRENATURALES APARECÍAN EN FORMA DE ANIMALES, COMO
REPTILES O JAGUARES, OTROS MÁS ERAN MITAD HUMANO Y MITAD BESTIA.

El dios más importante para los mayas llevaba por nombre *Itzamná*.
Era una serpiente que había creado el universo y por eso era dueña de la tierra
y el cielo, del día y la noche. Fue este dios quien dividió las tierras de los mayas y
quien las nombró una a una. También era el creador de los hombres, a quienes
había hecho a partir de las plantas de maíz.

Este dios creó las cosas que para los mayas eran más importantes: la vida, su existencia, la tierra, la escritura y los códices que permitían que los conocimientos se pasaran de una generación a otra.

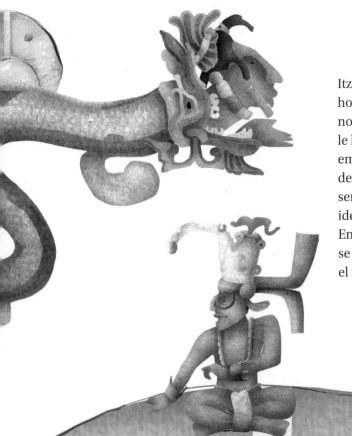

En las pinturas y esculturas, Itzamná aparece como un hombre tan viejo que ya no tiene dientes y al que se le hunden las mejillas. Sin embargo, otra representación del mismo dios era una serpiente blanca que se identificaba con la Vía Láctea. En otros pueblos mayas se le conocía también con el nombre de Kukulcán.

El Sol representaba a esta deidad. Cuando el astro iba del amanecer al mediodía, se llamaba Itzamná o Kukulcán. Pero del mediodía al atardecer, recibía el nombre de *Kinich Ahau*. Este dios, que respondía a tres nombres, era el favorito de los mayas gobernantes. A él se encomendaban políticos y sacerdotes porque creían que era uno de los dioses más poderosos y sabios dentro del universo sobrenatural. Todos los años nuevos mayas estaban dedicados a Itzamná, y en los rituales se pedía que el dios evitara a toda costa las calamidades.

Chac era el dios de la lluvia. Casi tan importante como el Sol, porque de éste dependía que las cosechas del campo fueran buenas.

En códices y pinturas, Chac es representado también como una serpiente, pero tiene una larga nariz y dos colmillos gigantescos que salen de la boca hacia arriba. Este dios también podía ser varios al mismo tiempo; había un Chac para cada punto cardinal: norte, sur, este y oeste porque la lluvia podía venir de cualquiera de esos lugares. Así, Chac era uno solo, pero al mismo tiempo varios dioses.

UN DIOS JUGUETÓN

Kulel, el encargado de avisar a Nuestro Padre que había llegado el tiempo de la siembra; sin embargo, los dioses de la lluvia eran criaturas caprichosas y muy juguetonas que en ocasiones enviaban las lluvias antes de tiempo y ponían en aprietos a los agricultores mayas.

Muy relacionado con el dios anterior está *Yum Kaax*, el dios de la agricultura. Yum Kaax aparecía en las pinturas como un dios joven que en su cabeza llevaba un tocado con una mazorca de maíz y en sus manos una planta. Este dios era poderoso, pero tenía muchos enemigos: los dioses de la sequía, del hambre y de la muerte. De la misma manera, para tener éxito, Yum Kaax dependía de los dioses de la lluvia y del viento.

Había también un dios malévolo, un dios del inframundo, *Yum Cimil*, la deidad de la muerte. Su cabeza no tiene piel y se asemeja a un cráneo, y sus costillas y columna vertebral aparecen descubiertas. En algunos casos, cuando era pintado con carne, su cuerpo estaba hinchado y con moretones como si fuera un cuerpo en descomposición. Este dios también podía ser varios a la vez. Su representación más poderosa llevaba por nombre *Mitnal*, que era el guardián del inframundo, de ese mundo de los muertos que se encontraba bajo la tierra.

Las apariciones de Yum Cimil eran poco apreciadas; estaba presente en las guerras y en los sacrificios humanos, pero también solía rondar las casas en las que había algún enfermo, buscando a alguien que se pudiera llevar.

Había otro dios que demostraba cuánto conocían los mayas de astronomía. Este era el dios *Ah Chicum Ek*, estaba representado por la Estrella Polar. Esta estrella ha sido muy importante para muchas poblaciones a lo largo de los años porque, a diferencia de otros astros, no cambia mucho su posición en todas las estaciones del año.

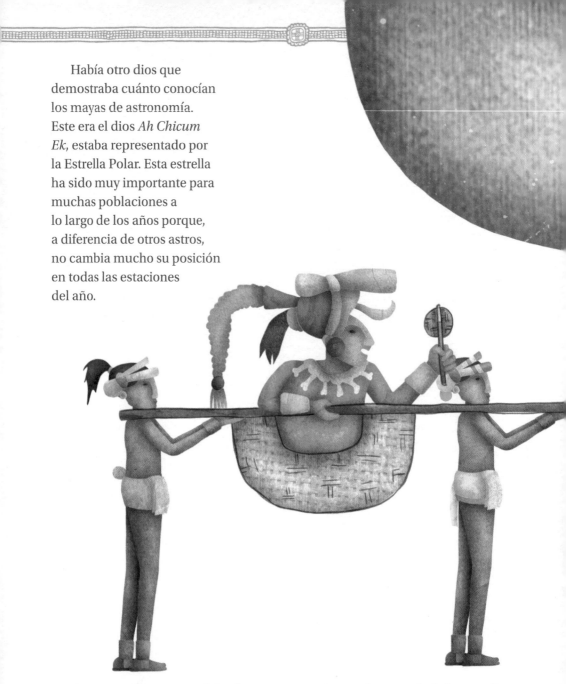

Se encuentra tan cerca del Polo Norte que, mientras la mayoría de las estrellas avanza en la bóveda celeste, como el Sol lo hace de día, la Estrella Polar se mantiene fija en su sitio. Por eso, servía de guía nocturna para paseantes y comerciantes.

Otra deidad, de nombre *Ek Chuah*, era el dios de los comerciantes y siempre aparecía con el dios de la Estrella Polar. Eran compañeros por una buena razón, un dios guiaba en su camino al otro para que pudiera realizar una buena venta. El dios de los comerciantes era representado siempre con un saco en la espalda como si se tratara de un vendedor que lleva su mercancía con él.

ÍDOLOS DE TODAS CLASES

Los mayas tienen muchos ídolos a los que rendían culto; no les bastaba con sus dioses, a cualquier animal podían hacerle una estatua. Las había de piedra, madera y barro; obras suyas, muertas y sin deidad, pero a las cuales hacían reverencia.

En medio de todos estos dioses masculinos, encontramos a una mujer, *Ix Chel*, la deidad del arcoíris y también del parto. Los poderes de esta diosa benévola incluían la curación y la adivinación. Su representación nos recuerda a una mujer anciana con una serpiente en la cabeza, que bien podría ser una partera.

Otras diosas eran *Ix Chebel Yax*, protectora de los tejidos y la ropa, e *Ixtab*, de la horca. En las pinturas, Ixtab aparece colgando de la cabeza y tiene los ojos cerrados. Hay muchos otros dioses mayas que hasta el día de hoy no se puede saber bien qué representaban. También había ciertos grupos de dioses muy relacionados con los otros mundos, alejados del plano terrenal de los mayas.

En los libros del *Chilam Balam* se menciona que la relación que tienen estos dioses buenos con los malos es muy cercana. Tanto así, que unos dioses representaban al día y los otros a la noche y, como sucede siempre, el día y la noche se siguen el uno al otro indefinidamente, lo que transmite esta idea de continuidad y relación entre lo bueno y lo malo.

POLITEÍSMO COMPLEJO

El conjunto de los dioses mayas era tan complejo como el mundo mismo. No sólo eran muchísimos, sino que no eran tan fácilmente distinguibles como los dioses griegos o romanos. Cada uno concentraba distintas características que cambiaban según el tiempo y el lugar, y podían tener rasgos humanos, animales o sobrenaturales según la circunstancia. Además, sus peculiaridades cambiaban conforme el atuendo que vistieran, ya que cada prenda o tocado les daba distintos significados.

Sangre y bailes: los ritos mayas

La vida diaria de los mayas estaba llena de ritos para dar gracias o pedir algo a sus dioses. Es imposible entender a esta sociedad sin conocer estas ceremonias, que podían ser de fiesta, meditación o incluso de muerte. Estos eran, sin duda, los eventos más importantes para cada uno de los habitantes mayas.

Las prácticas de los sacrificios llegaron a tierras mayas por la herencia de otras culturas indígenas del centro de México. El rito de los sacrificios no significaba necesariamente que alguien debía morir. Los dirigentes políticos y sacerdotes también solían ofrendar pequeñas cantidades de sangre a sus dioses. La idea que los mayas tenían de estos dioses era de un continuo enfrentamiento entre el bien y el mal.

Una ofrenda común era hacerse una pequeña herida en la lengua o en las orejas. La sangre se ponía en unas tiras semejantes al papel y se colocaban dentro de una vasija, en donde se les prendía fuego para que a través del humo la sangre llegara a los dioses. En otras ceremonias la sangre era sacada de cuerpos humanos, pero también de ciertos animales como jaguares, pumas o lagartos, que eran considerados sagrados. Esta sangre era salpicada encima de aquellas esculturas que representaban a los dioses a quienes se estaba haciendo la ofrenda.

Los sacrificios mayores, aquellos que sí requerían la muerte de una persona, tenían reglas muy claras. Muchas veces, los sacrificados eran enemigos que habían sido capturados en alguna batalla. El sacrificado debía de ser un enemigo importante, un guerrero con un alto rango. Por lo general, en este tipo de sacrificios se cortaba la cabeza o se abría el pecho para sacar el corazón.

Los sacrificios se realizaban casi siempre en los altares que estaban en la cima de las pirámides. El que iba a ser sacrificado subía las escaleras, un sacerdote lo limpiaba de todos los espíritus malignos para que el sacrificio fuera puro, lo pintaban completamente de azul y lo colocaban en una piedra, boca arriba, sujetado de brazos y piernas.

El encargado del sacrificio se llamaba *nacom* y era él quien sacaba el corazón o decapitaba. Luego embarraba la sangre en la escultura que representaba al dios ofrendado. El cuerpo de la víctima era arrojado a un patio que estaba detrás de las pirámides, y ahí otros sacerdotes menos importantes se encargaban de él.

Otro tipo de ofrenda de sangre se hacía con flechas. La víctima era amarrada a dos postes, mientras los sacerdotes bailaban alrededor de él. Una vez terminada esa parte del rito, al sacrificado se le disparaban varias flechas hasta su muerte.

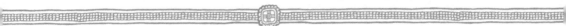

También se hacían sacrificios en los cenotes de la zona maya. Los cenotes son una especie de cráteres que en el fondo tienen agua. Se forman cuando se derrumba el techo de una cueva de grandes dimensiones. El agua que tienen al fondo viene de los ríos subterráneos de la zona, con los que se conectan.

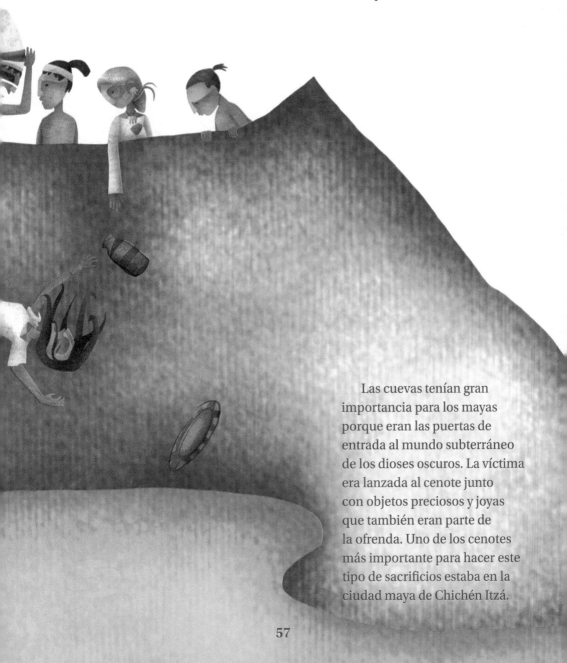

Las cuevas tenían gran importancia para los mayas porque eran las puertas de entrada al mundo subterráneo de los dioses oscuros. La víctima era lanzada al cenote junto con objetos preciosos y joyas que también eran parte de la ofrenda. Uno de los cenotes más importante para hacer este tipo de sacrificios estaba en la ciudad maya de Chichén Itzá.

Los españoles que llegaron a tierras mayas, al ver todos estos sacrificios, no comprendían los ritos religiosos y les temían. Consideraban a los dioses mayas *demonios* porque un ser sobrenatural que exigía ese tipo de ofrendas sangrientas no podía ser bueno. Pero, la verdad es que las diferencias culturales entre mayas y españoles eran muchas. En el cristianismo también hay registro de ofrendas de sangre. Como sucede con casi todas las culturas del mundo, cuando se confrontan, lo primero que se siente es temor ante lo desconocido.

Sin embargo, no todas las ofrendas a los dioses mayas significaban sangre y muerte. A algunos dioses les bastaba con recibir alimentos o adornos. También sucedía que dependiendo de la petición era el tipo de sacrificio. Si la ofrenda era sólo para pedir que un familiar se curara de una enfermedad, era suficiente con alimentos o algunas joyas. En cambio, si algún pueblo estaba atravesando una dura sequía que ya provocaba hambruna entre la gente, entonces sí se requería un sacrificio humano, en el altar o en algún cenote.

Lo que permanecía igual era la preparación para cualquiera de estas ofrendas. Antes de los sacrificios era necesario ayunar. Los sacerdotes no debían comer nada varias horas o días antes. El chile y la carne eran alimentos prohibidos en esos días previos a las ceremonias. Todos los que no eran sacerdotes podían ayunar si querían, pero no era una obligación.

Otro tipo de ritos, mucho más alegres que los anteriores, y que también se hacían para satisfacer a algunos dioses, eran los bailes. En estas ceremonias se juntaba gran número de personas, cientos y a veces miles. El baile era una demostración de alegría, pero también una manera para exaltarse y entrar en contacto con los espíritus.

Una ceremonia más, que realizaban sólo los sacerdotes mayas, consistía en consumir ciertas sustancias que provocaban alucinaciones. En medio de esos trances, los sacerdotes creían tener la capacidad para ver el futuro, como conocer la fecha exacta de la temporada de lluvias para la siembra. Una vez que lo sabían, se lo comunicaban al resto del pueblo.

LA DANZA COMO OFRENDA

Los hombres, por lo general, no bailaban con las mujeres, y sus bailes eran tan largos que duraban todo el día, y debían llevarles de comer y beber a los bailarines ahí mismo. En un baile se podían reunir hasta ochocientos danzantes.

Entre los distintos bailes que practicaban, había uno llamado *colomché*, una especie de juego en el que se hacía una gran rueda de bailarines, de la que salían dos a la vez: uno con un puñado de varitas que le aventaba al otro, que estaba agachado y tenía que esquivarlas. Otros eran el *xibalbaokot*, o "baile del demonio", y el *holkanakot* o "baile de guerreros".

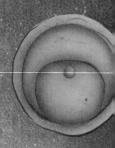

Las matemáticas, el calendario y los planetas

LA CULTURA Y LA CIENCIA MAYAS LOGRARON AVANCES IMPRESIONANTES PARA SU TIEMPO Y ESPACIO. LA ARITMÉTICA, LA ASTRONOMÍA Y EL CALENDARIO QUE INVENTARON BASADOS EN SABIAS OBSERVACIONES SON SÓLO TRES EJEMPLOS DEL ALTO DESARROLLO AL QUE LLEGARON.

Los mayas hicieron un descubrimiento matemático antes que ninguna otra cultura en América. Un descubrimiento que hasta el día de hoy se sigue utilizando: el cero. Se cree que los mayas emplearon el cero muy cerca del año 36 antes de nuestra era.

Mientras los mayas descubrían el cero, en Europa apenas se comenzaban a construir las primeras ciudades con casas, talleres de artesanos y almacenes, es decir, las primeras ciudades más o menos modernas.

Mientras en otras partes del mundo los comerciantes durante sus viajes comenzaban a descubrir diferentes culturas, y con ello a conocer inventos de otros reinos, en Mesoamérica los mayas lograban un avance extraordinario en el conocimiento de la aritmética.

¿CUÁL ES LA IMPORTANCIA DEL CERO EN LAS MATEMÁTICAS?

El cero indica que no hay valor ninguno. Es una forma de representar el vacío o la nada, lo cual era muy útil, por ejemplo, en la labor diaria de un encargado de recibir tributo de una zona maya, quien debía anotar en un papel la cantidad de piedras de jade que le llevaban de los pueblos más cercanos. Unos le traían tres piedras de jade, y el cobrador anotaba "3". Otro le traía siete piedras, anotaba "7".
Pero si el representante de otro pueblo no llevaba nada usaba el cero para dejar por escrito que esa persona no había llevado nada. Sin ese sencillo número, un registro tan simple se volvía complicado.

El símbolo que los mayas utilizaban para representar el cero era una especie de concha, aunque para algunos investigadores semeja una semilla o caracol. El resto de los números y su representación se basa en el uso de puntos y rayas.

Hoy esto puede parecer muy básico, pero es justamente por esa simpleza en los signos que sus números resultaban tan claros. El punto representaba el valor de 1; dos puntos era el número 2; cuatro puntos, el 4.

Las rayas representaban un valor de 5. Así, al ver una sola raya, se sabía que era el número 5; dos rayas, el 10; tres rayas el 15. De esta manera y con sólo esos dos símbolos, se podían representar casi todos los números.

El número 7, era una línea (5) y dos puntos (2), porque sumando, nos damos cuenta que 5 + 2 es igual a 7. El número 13 estaba representado con dos líneas de 5 que daban 10, y con tres puntos arriba que completaban la cifra.

Las matemáticas no eran el único conocimiento avanzado que los mayas tenían. La forma en la que medían el transcurso de los días también era muy completa. En su calendario señalaban no sólo el paso del tiempo, sino algunos ciclos muy importantes para ellos, por ejemplo el tiempo de sembrar o cosechar.

Además, anotaban fiestas religiosas o incluso los momentos que creían que eran mejores para la adivinación del futuro. Esto quiere decir que su calendario tenía en cuenta varios elementos de su vida cultural, religiosa y económica, y por eso se volvía un poco complejo.

No toda la información que el calendario tenía la conocían todos los habitantes mayas. Los datos astronómicos sólo estaban disponibles para los gobernantes. Esto les permitía utilizar algunos fenómenos naturales a su favor. Si un sacerdote le pedía a una persona un gran sacrificio para que el Sol no se oscureciera al momento del eclipse, aquel habitante sentía un profundo temor y terminaba cediendo a lo que el sacerdote pedía.

Sin embargo, otro tipo de información que el calendario maya tenía era manejada a la perfección por el habitante común. Los agricultores sabían muy bien cuáles eran los ciclos de las lluvias. Esto le garantizaba a toda la ciudad el alimento suficiente para comerciar y comer. Los fenómenos naturales que se repiten una y otra vez, como las estaciones o el movimiento de las estrellas, eran la base del calendario maya.

Utilidad de la astronomía

Calcular los ciclos de los fenómenos naturales en el calendario no era nada fácil. Eran ciclos que volvían a ocurrir después de mucho tiempo. Hoy se sabe casi de manera automática que el 21 de marzo llega la primavera. Pero cuando los mayas desarrollaron su calendario, no sabían cuándo era marzo o fin de año, y sólo podían guiarse por los planetas, los cuales siempre están en la misma posición cada 21 de marzo. Tuvo que llevarles mucho tiempo saber que un ciclo se repetía a través de la observación de los planetas. Se trataba de descubrir que era 21 de marzo porque un año atrás los planetas estaban en la misma posición. Por ello, para los mayas la astronomía era tan importante. Fue gracias a ella que pudieron establecer ciclos, entender que era posible sembrar en una época, cosechar en otra, o incluso esperar un eclipse de Sol en una fecha determinada.

El conocimiento de los planetas que los mayas tenían era tan exacto que su calendario medía el año solar con 365 días. Después de muchos años, experimentos y observaciones, se sabe que un año exacto dura 365.24 días, es decir 365 días y poco menos de cinco horas.

La exactitud con la que los mayas establecieron la duración del año resulta sorprendente tomando en cuenta que no tenían ni la tecnología ni el conocimiento acumulado con el que se cuenta hoy. Pero más aún, los mayas descubrieron un ciclo lunar que es más exacto que el actual.

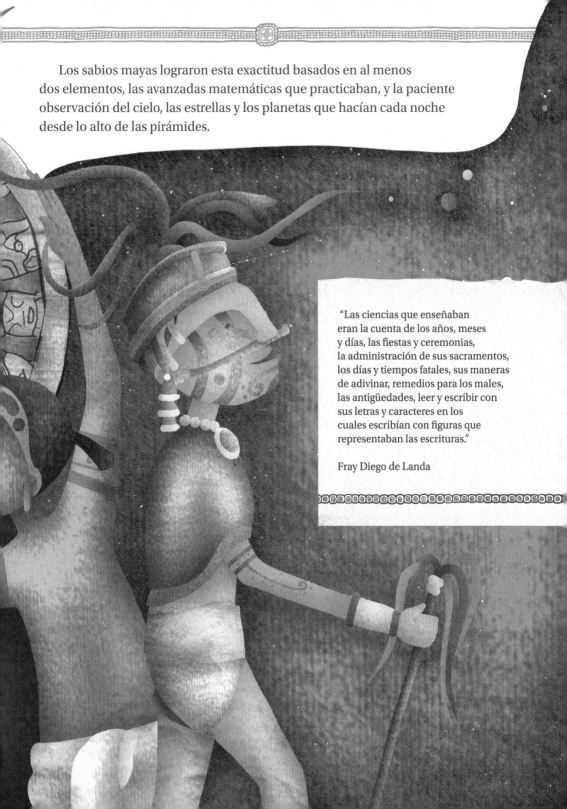

Los sabios mayas lograron esta exactitud basados en al menos dos elementos, las avanzadas matemáticas que practicaban, y la paciente observación del cielo, las estrellas y los planetas que hacían cada noche desde lo alto de las pirámides.

"Las ciencias que enseñaban eran la cuenta de los años, meses y días, las fiestas y ceremonias, la administración de sus sacramentos, los días y tiempos fatales, sus maneras de adivinar, remedios para los males, las antigüedades, leer y escribir con sus letras y caracteres en los cuales escribían con figuras que representaban las escrituras."

Fray Diego de Landa

El idioma y la escritura

LOS MAYAS HABLABAN DIFERENTES IDIOMAS, QUE SIN EMBARGO
SE PARECÍAN ENTRE SÍ. ESTA VARIEDAD DE LENGUAS
ERA PORQUE LOS PUEBLOS, A PESAR DE SER MUY SEMEJANTES, TAMBIÉN
TENÍAN DIFERENCIAS EN LA VESTIMENTA, LOS RITOS, EL HABLA
Y LA ESCRITURA. ADEMÁS, LAS CIUDADES MAYAS NO SE
DESARROLLARON AL MISMO TIEMPO. MIENTRAS UNAS DESAPARECÍAN,
OTRAS APENAS IBAN NACIENDO. Y DE UNA CIUDAD A OTRA,
EL LENGUAJE SE IBA MODIFICANDO.

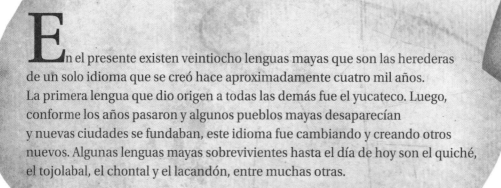

En el presente existen veintiocho lenguas mayas que son las herederas de un solo idioma que se creó hace aproximadamente cuatro mil años. La primera lengua que dio origen a todas las demás fue el yucateco. Luego, conforme los años pasaron y algunos pueblos mayas desaparecían y nuevas ciudades se fundaban, este idioma fue cambiando y creando otros nuevos. Algunas lenguas mayas sobrevivientes hasta el día de hoy son el quiché, el tojolabal, el chontal y el lacandón, entre muchas otras.

Los sonidos del idioma maya se hacen con distintas partes de la boca. Algunos se producen sólo con los labios, otros sonidos con los dientes, y otros más con la garganta o el paladar. Por eso, en los textos escritos en maya aparecen letras que son muy difíciles de pronunciar.

En la actualidad también se conservan varios libros muy importantes que cuentan las leyendas e ideas que los mayas tenían de sus dioses y ritos. Muchos de esos libros fueron escritos cuando los conquistadores españoles ya habían tenido contacto con estos pueblos. Eran una especie de transcripciones del maya al español que hicieron algunos sobrevivientes a la guerra de la Conquista. De este tipo de libros el más importante es el *Chilam Balam*, que en realidad es una colección de varios libros que escribieron diferentes sabios de diversas ciudades mayas contando lo que sabían de su historia.

Cuando los españoles llegaron a tierras mayas, muchas de estas civilizaciones ya habían desaparecido. La razón se desconoce, pero se cree que pudo haber sido por alguna epidemia que contagió y mató a muchos habitantes, o por invasiones de otros pueblos menos desarrollados culturalmente pero más bélicos.

El *Chilam Balam* recoge algunos de los conocimientos mayas, pero no nos puede dar una idea completa de lo que fue el esplendor de aquella civilización. Así, la mayor parte de los libros del *Chilam Balam* relatan algunos hechos, tradiciones religiosas, la idea que se tenía de las deidades y de varias profecías que los sacerdotes creían que ocurrirían en tiempos futuros.

El *Popol Vuh* o "Libro del Consejo" es también una recopilación, no de libros, sino de leyendas. Este libro fue creado por las culturas mayas que vivían en Guatemala y Honduras, y nos habla de la creación de los mundos, de los dioses y los hombres.

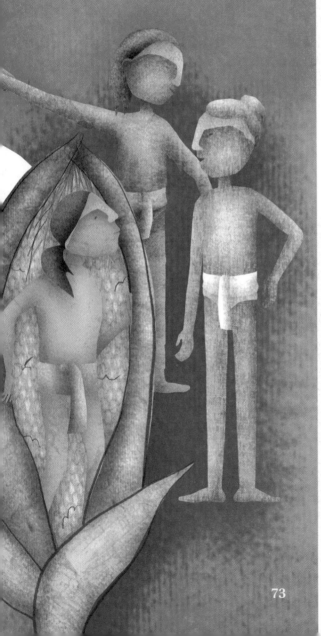

EL *POPOL VUH*, LAS LEYENDAS MAYAS SOBRE LA CREACIÓN DE LOS MUNDOS, LOS DIOSES Y LOS HOMBRES

"Y así encontraron la comida y ésta fue la que entró en la carne del hombre creado, del hombre formado; ésta fue su sangre, de ésta se hizo la sangre del hombre. Así entró el maíz [en la formación del hombre] por obra de los Progenitores. Y de esta manera se llenaron de alegría, porque habían descubierto una hermosa tierra, llena de deleites, abundante en mazorcas amarillas y mazorcas blancas y abundante también en pataxte y cacao, y en innumerables zapotes, anonas, jocotes, nances, matasanos y miel. Abundancia de sabrosos alimentos había en aquel pueblo llamado de Paxil y Cayalá.

Había alimentos de todas clases, alimentos pequeños y grandes, plantas pequeñas y plantas grandes. Los animales enseñaron el camino. Y moliendo entonces las mazorcas amarillas y las mazorcas blancas, hizo Ixmucané nueve bebidas, y de este alimento provinieron la fuerza y la gordura y con él crearon los músculos y el vigor del hombre. Esto hicieron los Progenitores, Tepeu y Gucumatz, así llamados.

A continuación entraron en pláticas acerca de la creación y la formación de nuestra primera madre y padre. De maíz amarillo y de maíz blanco se hizo su carne; de masa de maíz se hicieron los brazos y las piernas del hombre. Únicamente masa de maíz entró en la carne de nuestros padres, los cuatro hombres que fueron creados."

Los mayas escribían sobre
códices, que eran pedazos
de papel en forma de acordeón
elaborados con la fibra del
árbol de amate. En ellos
utilizaban muchos colores
tanto en su escritura como
en sus dibujos.

Tres códices mayas de este tipo sobreviven en la actualidad y todos se
encuentran en bibliotecas de ciudades europeas. El códice *Dresde*, en Alemania;
el códice *Madrid*, en España; y el códice *París*, en Francia. En ellos se habla de
los conocimientos astronómicos y la invención de su calendario. Otras formas
de escritura se encuentran en las piedras de las antiguas ciudades mayas,
pero siguen a la espera de ser descifradas.

Todavía son muchas las cosas que desconocemos de los mayas. Pero existen muchos arqueólogos, historiadores y científicos de todo el mundo asombrados por esta cultura que continúa revelando su misterio hasta el día de hoy.

Códices

Eran libros en una hoja larga doblada con pliegues y cuyas tapas eran dos tablas. El papel lo hacían de las raíces de árbol, en el cual se podía escribir con facilidad.

Cronología

11 000 a.C.	Se establecen los primeros cazadores-recolectores en las altiplanicies y llanuras mayas.
3114 - 3113 a.C.	Creación del mundo, según la Cuenta Larga del calendario maya.
Periodo preclásico temprano 2000 - 1000 a.C.	Aunque se tienen pocos datos claros sobre esta época, se cree que pudieran haber existido entonces pueblos agricultores y ceramistas.
Periodo preclásico medio 1000 - 300 a.C.	Para estas fechas se tienen las primeras pruebas firmes de que las tierras al sur de Guatemala, cerca del valle del río de la Pasión, en la región de Petén, estaban ocupadas por los mayas.
700 a.C.	Se desarrolla la escritura en Mesoamérica.
400 a.C.	Los mayas usan los primeros calendarios solares labrados en piedra.

Periodo preclásico tardío 300 - 50 a.C.	
300 a.C.	Los mayas adoptan la idea de una sociedad jerárquica regida por nobles y reyes.
Periodo clásico temprano 250 - 600 d.C.	
400 d.C.	Las altiplanicies mayas caen bajo el dominio de Teotihuacan, y en algunas partes comienza la desintegración de la cultura y el lenguaje mayas.
500	Tikal se convierte en la gran ciudad maya, ya que los habitantes de Teotihuacan llegan ahí con sus nuevas ideas sobre armas, cultivos, prácticas rituales y sacrificios humanos.
600	La civilización teotihuacana termina, sin razón aparente, por lo que Tikal se convierte en la mayor ciudad de Mesoamérica.

683 El emperador maya Pacal muere a los ochenta años y es enterrado en el Templo de las Inscripciones de Palenque, uno de los más grandes tesoros arqueológicos dejado por los mayas.

751 Las alianzas mayas empiezan a resquebrajarse. Los conflictos entre las ciudades-estados aumentan y el comercio se ve afectado.

869 Se suspenden las construcciones en Tikal, con lo que inicia la decadencia de esta ciudad.

899 Tikal es abandonada.

900 Termina el periodo clásico de la historia maya con el colapso de las ciudades de la llanura meridional. Las ciudades mayas del norte de Yucatán siguen prosperando. Se desarrollan Uxmal, Kabah y Labná.

1200 Las ciudades mayas septentrionales comienzan a ser abandonadas.

1244 Los itzá abandonan Chichén Itzá por razones desconocidas.

1263 Los itzá comienzan a construir la ciudad de Mayapán, que poco después se convertiría en la capital de la región que ahora ocupa Yucatán.

1441 Rebelión dentro de Mayapán. Dieciséis grupos rivales compiten entre sí para gobernar a los demás.

1461 Mayapán es abandonada.

1470 Se crea Iximché, capital de los Kakchikeles.

1517 Primera llegada de los españoles a las playas de Yucatán con Hernández de Córdoba.

Bibliografía

 Adams, Richard, E. W. (comp.), *Los orígenes de la civilización maya*, México, FCE, 1989.

Bethell, Leslie (ed.), *Historia de América Latina 1. América Latina Colonial: la América precolombina y la conquista*, Barcelona, Crítica, 2003.

 Gómez, Arturo, *Caribe maya. Historia y bibliografía de los mayas antiguos*, México, Instituto de Investigaciones Bibliográficas de la UNAM, 2002.

Hammond, Norman, *Ancient Maya Civilization*, New Jersey, Rutgers University Press, 1982.

 Landa, Diego de, fray, *Relación de las cosas de Yucatán*, México, Porrúa (Biblioteca Porrúa, 13), 1978.

El libro de los libros de Chilam Balam,
Alfredo Barrera Vázquez y Silvia Rendón (trad.),
México, FCE (Colección Popular, 42), 1972.

Navarrete Linares, Federico, *La vida cotidiana
en tiempos de los mayas*, México,
Temas de Hoy, 1996.

Popol Vuh. Las antiguas historias del Quiché,
Adrián Recinos (trad.), México,
FCE (Colección Popular, 11), 1975.

Sharer, Robert J., *La civilización maya*, México, FCE, 2003.

Stuart, George E. y Gene S. Stuart, *The Mysterious Maya*,
Washington D. C., National Geographic Society, 1977.

Mayas
Los indígenas de
Mesoamérica III

terminó de imprimirse en 2018
en los talleres de Edamsa Impresiones, S. A. de C. V.,
Avenida Hidalgo 111, colonia Fraccionamiento
San Nicolás Tolentino, delegación Iztapalapa,
09850, Ciudad de México.
Para su formación se utilizó la familia Utopia
diseñada por Robert Slimbach en 1989.